화도花道

정관호 시집

시와
사람

화도花道

2025년 2월 15일 인쇄
2025년 2월 20일 발행

지은이 정관호(花文)

펴낸이 강경호 편집장 강나루 디자인 정찬애
펴낸곳 도서출판 시와사람
등록 1994년 6월 10일 제 05-01-0155호
주소 광주시 동구 양림로 119번길 21-1(학동)
전화 (062)224-5319   E-mail jcapoet@hanmail.net

ISBN 978-89-5665-756-1 03810

공급처 ■ 한국출판협동조합
경기도 파주시 탄현면 오금로 30
주문전화 (02)716- 5616, 070- 7119- 1740

· 잘못된 책은 구입하신 서점에서 바꾸어 드립니다.

이 도서의 국립중앙도서관 출판예정도서목록(CIP)은
서지정보유통지원시스템 홈페이지(http://seoji.nl.go.kr)와
국가자료종합목록 구축시스템(http://kolis-net.nl.go.kr)에서
이용할 수 있습니다.

화도 花道

© 정관호, 2025
저작권에 의해 보호 받는 저작물이므로
출판사와 저자의 허락 없이 무단 전재와 복제를 금합니다.

시인의 말

화도 花道는
꽃이 쓰는 시입니다
귀담아듣고 가슴에 심어보고
허공에 날려 보내기도 하는
꽃이 쓰는 시입니다

때론 부메랑처럼 돌아와 꽃을 피우는
변화 일색, 구름 같은
내면의 얼굴입니다

각지기도 하고
둥글기도 하고
다시 차오르는 샘물이다가 넋두리로도 흐르는
꽃이 걸어가는 길입니다

바다 같고
엄마 같은
이 청정한 아침
마음속 여울목으로 살포시,
시꽃을 피웁니다

여는 시

소철꽃을 우러르며

금빛 해오름

백년의 세파
헤쳐온
장엄한 기상

칼날 같은 비바람 속에서
층층이 쌓아 올린
인고忍苦의 나이테는
끝내 절정의 불꽃을 피워냈구나
내공을 불살라
속세에 얼굴을 내민 백년 세월,
그 산고産苦의 아픔이 얼마나 힘들었으랴
층층이 길을 낸
눈부신 네 앞에 서니
팔랑개비
일흔의 연륜이
정녕 초라하고 부끄럽구나

황금빛 찬란한 너의 사랑 앞에서
빈손으로 다시 시작하련다

순정의 시
한층 한층 쌓아 올리련다

화도 花道 _ 차례

시인의 말 _ 7
여는 시 _ 8

화도 1 _ 16
화도 2 _ 17
화도 3 _ 18
화도 4 _ 20
화도 5 _ 21
화도 6 _ 22
화도 7 _ 23
화도 8 _ 24
화도 9 _ 25
화도 10 _ 26
화도 11 _ 27
화도 12 _ 28
화도 13 _ 29
화도 14 _ 30
화도 15 _ 31
화도 16 _ 32

화도 17 _ 33
화도 18 _ 34
화도 19 _ 35
화도 20 _ 36
화도 21 _ 37
화도 22 _ 38
화도 23 _ 39
화도 24 _ 40
화도 25 _ 41
화도 26 _ 42
화도 27 _ 43
화도 28 _ 44
화도 29 _ 45
화도 30 _ 46
화도 31 _ 47
화도 32 _ 48
화도 33 _ 49
화도 34 _ 50
화도 35 _ 51

화도 36 _ 52

화도 37 _ 53

화도 38 _ 54

화도 39 _ 55

화도 40 _ 56

화도 41 _ 57

화도 42 _ 58

화도 43 _ 59

화도 44 _ 60

화도 45 _ 61

화도 46 _ 62

화도 47 _ 63

화도 48 _ 64

화도 49 _ 65

화도 50 _ 66

화도 51 _ 67

화도 52 _ 68

화도 53 _ 69

화도 54 _ 70

화도 55 _ 71

화도 56 _ 72
화도 57 _ 73
화도 58 _ 74
화도 59 _ 75
화도 60 _ 76
화도 61 _ 78
화도 62 _ 79
화도 63 _ 80
화도 64 _ 81
화도 65 _ 82
화도 66 _ 83
화도 67 _ 84
화도 68 _ 85
화도 69 _ 86
화도 70 _ 87
화도 71 _ 88
화도 72 _ 89
화도 73 _ 90
화도 74 _ 91
화도 75 _ 92

화도 76 _ 93

화도 77 _ 94

화도 78 _ 96

화도 79 _ 97

화도 80 _ 98

화도 81 _ 99

화도 82 _ 100

화도 83 _ 102

화도 84 _ 103

화도 85 _ 104

화도 86 _ 105

화도 87 _ 106

화도 88 _ 107

화도 89 _ 108

화도 90 _ 109

| 평설 |

화도花道로 피워낸 깊고 짙은 서정의 울림 | 강대선   _ 110

화도 花道

화도 1

꺼져가는 촛불 아래

빈손임을 자각합니다

혹여 밝히지 못한 어둠 있다면 얼룩처럼 닦아내게 하소서

모두 제 허물이었음을 고해합니다

나팔꽃처럼 높이 오르기 위해 유혹에 눈 감았던 시간을 후회합니다

이제, 높이를 내려놓고

가을로 성숙하게 하소서

찬바람 뼛속까지 파고드는 시간

기도의 꽃 피웁니다

사랑하는 이들의 영혼 가슴에 품고

한겨울 내내 충실하게 하소서

화도 2

나는 사랑합니다
감미로운 햇빛과 속삭이는 달빛
피어나는 저 꽃잎 순결을

나는 사랑합니다
가슴 파고드는 순정의 꽃
내 영혼, 하염없이 빠져드는 향기를

나는 사랑합니다
대자연의 합창, 꽃 물결 넘실대는 하모니
끝없이 출렁이는 내 영혼을

나는 사랑합니다
한 잎 떨어지는 아픔에
한없이 울고 마는 호수의 가슴

저 여리디여린 물결을

화도 3

당신의 뜨락에
눈으로 휘날리겠습니다
생각하면 은혜와 은총으로 가득한 생이었습니다
천상의 고운 뜻을 이제야 깨닫습니다
하늘에서 내려오는 복음이 가슴을 울립니다
성은으로 하얗게 부서지겠습니다
진창으로 더럽혀진 허방마다
죄의 자리에서 허우적거렸습니다
이제는 생의 자리를 새롭게 하소서
당신의 뜨락에서 무릎 꿇나니
뜨거운 눈물을 허락하소서
이 은빛 고운 날
가장 낮은 자의 가난한 마음으로
당신을 더 사랑하게 하소서
뜨거운 기도의 마음을 주시어
어둔 밤을 밝히게 하소서
이 연약한 영혼에게 당신의 뜨락을 허락하소서
은하의 밤,
새로움을 입은 영혼이게 하소서
기도하는 마음으로

남은 생을
휘날리게 하소서

화도 4

철새 따라 노을이 퍼진다

나그네 하룻밤 묵고 가듯

한철 머물다 가는 철새를 반기고

떠나보내는 저, 깊은 속

어서 오라, 어서 오라, 잘 가라, 잘 가라, 손 흔드는 노을 지는 을숙도

을숙도 노을 꽃을 입에 문 철새들이 극락극락 날아간다

화도 5

오래전 나는

감미로운 향기 머금은 꽃의 요정이었습니다

햇빛과 속삭이는 달빛,

시샘하듯 피어나는 저 꽃잎 순결을 사랑하는 손길이었습니다

가슴 파고드는 저 순정의 꽃무덤에

하염없이 빠져드는 영혼이었습니다

꽃물결 넘실거리는 대자연의 합창,

청초한 하모니에 귀 기울이는 끝없는 연정이었습니다

이슬 맺힌 밤,

꽃잎 떨어지는 아픔에

한없이 울고 마는 호수의 파문이었습니다

화도 6

사각의 벽에 꽃이 피었습니다

영하의 벽에 얼어붙은 숨으로 피었습니다

깊은 밤,

사각의 벽 안에서 시꽃이 피어납니다

미완의 불길이

담쟁이처럼 벽을 타고 오르고

마침내 시의 불이 벽을 넘으면

벽 속에 갇힌

시어가 활활 올라올 것입니다

만화방창으로 벽을 넘을 것입니다

화도 7

고샅길 돌담, 맨드라미 접시꽃 붉게 타오르고

사립문 밖 쪽두리꽃 반기는 푸르른 밤

별은 바다 위에 떠 있는 배

부푼 반달을 몰고 새벽 바다를 항해한다

화도 8

여보게, 한잔하세나!

꽃은 흐드러지고

천지간 녹음은 이리도 훈훈하고 돈독하지 않은가.

매미 울면 한여름 가고

개구리 울면 풍년이 온다지

여보게, 꽃배를 띄우세나!

저, 흐드러진 달빛을 부푼 돛으로 삼아

그리움 일렁이는 바다로 노를 저어

항꾸네 흘러가세나!

화도 9

꽃은 말이 없다

비바람 불고
천둥 번개 휘몰아쳐도
견딜 뿐

제 자리에서
길을 갈 뿐

꽃 피는 날을 답으로 남겨놓고

꽃은 말이 없다

화도 10

꽃잎 지는
아픔에
달빛 운다

호수도 고요히 눈물 떨군다

꽃잎 떠도는
표면으로
별빛
촉촉하다

바람은
물결 상여꾼을 앞세우고
호수
한 바퀴
돈다

고요하다

꽃잎
떨어진다

화도 11

새봄
기다리듯
하늘의 뜻에 따른다

피고 지고
지고 피고

씨앗은
꽃 되고
꽃은
씨앗 되어

겨울은
봄으로
여문다

화도 12

달빛 머금은 저 아가씨

수줍은 볼이 붉어지시네

한밤의 심장 소리, 세레나데로 번지고

은하수는

아가씨 눈 속으로

하양하양 흘러가네

화도 13

티 한 점 없는 풋내기 사랑이다

한없이 고운 얼굴

꽃은 그대로 꽃일 뿐

순수 그 자체일 뿐

분칠한 밤거리 피에로가 꽃 앞에서 울고 있다

눈물 지우고 또 지우면

사랑, 파룻하다

화도 14

배낭에서 바다가 출렁거린다

바람과 파도, 속삭이고

물보라 치는 바위 위, 갈매기가 울면서 날아간다

은빛 낭만 춤추는 바다의 교향악 들으며

묵은 짐 꺼내 놓는다

다시 채우기 위해서 배낭을 비운다

흥얼흥얼 샘솟는 여행의 기쁨

미지未知를 향해 배낭을 멘다

화도 15

여행은 술 같지

뚜껑 따면 올라오는 알코올 냄새처럼

나를 취하게 하지

흥얼거리며 한 잔 술에

발걸음 맡기지

배낭 메는 일은 설렘을 차곡차곡 쌓아가는 일

감미로운 바람과 파도의 속삭임이 나를 취하게 하지

은빛 낭만 술잔에 담겨 춤을 추지

인생은 취하며

걸어가는 길

내 영혼의 잔을

별로 채우며 잠이 들지

화도 16

함부로 꺾지 마라

도란도란 살아 숨 쉬는

저 꽃

꺾는 일은 깊은 상처를 남기는 일이다

한 떨기 꽃이

아름다운 동행이다

화도 17

꽃잎 날리는 이른 아침

노부부가 산책 중이다

잠시 벤치에서

쉬어가는 길,

떨어진 연분홍 꽃잎이 길을 물들인다

부부도

서로에게 물든 듯

걸어가는 뒷모습이

닮았다

화도 18

쓸고 쓸어도 쓸리지 않는 것이 있다
기억 속 단발머리 국민학교 시절 몽당연필도
호랑이 담배 피던 시절로
이야기를 꺼내시던 곰방대 할머니 이야기도
친구들과 물장구치던 도랑에서 빛나던 햇살처럼 순박했던
추억의 빗살도
쓸고 쓸어도 쓸리지 않는다
사랑하는 아버지와 어머니
쓸어도 쓸어도
쓸리지 않은 별이 되어
내 가슴에 떠 있다

화도 19

이제는 닳고 닳은 빗자루 신세지만

아직은 마당을 쓸 수 있지

벽 귀퉁이에 주저앉아 새벽잠 설치는 사내

내일 아침이면

다시 마당을 쓸러 나오겠지

꽃처럼 웃겠지

닳고 닳은 몽뎅이꽃

청정한 가을 하늘 담으러

닳아진 몸으로 가을을 쓰는 꽃

화도 20

꽃술에 사뿐히 내려앉아

입술 젖는 노랑나비

솔바람 사이로

하늘하늘 춤을 춘다

눈부신 은총의 나래로 반짝이는

오후 세 시

불타는 저 연정!

화도 21

 아그야, 뒷거름 주었으냐, 한 됫박 퍼 줘야제 잘 큰당께. 아따 거시기 저 순복이 함씨 감나무도 오지게 퍼 준께 쭉 커부렀냐. 자식 새끼 키우는 하늘 같은 모정이 거름이어야.

 땅에서 나는 것들은 다 지에미 젖 먹고 크는 것이여. 아그야, 그렇다고 너무 과하면 안 된다이. 체하면 탈나니께, 알것지야.

화도 22

나 떠나가는 길, 꽃길이었으면 좋겠네

그 길에, 꽃으로 지은 시집 함께 태워주렴

꽃상여 타고 너울너울 꽃 천지

소풍 갈래

꽃으로 지은 시 읊으며

당신 있는 곳으로 나비 되어 갈래

화도 23

거짓이 몽니 부린다

가히 독버섯이다

거짓에 눈바닥이 갈라진다

속세의 어두운 그림자를 어찌하리

거짓 눈물 판을 치는

얼룩진 세상사

저, 꽃을 보아라

네 마음에 침을 놓는

저 순수의 진실을 보아라

화도 24

지나가는 것이 어찌 세월뿐이랴

지나가야 산다

태풍이 지나가야 묵은 것들이 다 뒤집어진다

우리네 인생살이도

바람에 날리듯

강물에 띄우듯

가슴속 옹이들 흘려보내야 산다

대지도 한 번쯤 뒤집어져야

새살 돋듯 싯푸르지 않더냐

털어낼 것은

털어내야

새로운 내일이 산다

화도 25

샌프란시스코에 가면 머리에 꽃을 꽂으세요

스콧 맥킨지 노래가 메마른 가슴에 강물처럼 흘러요

당신과 내가 하나 되는 영혼의 노래

머리에 꽃을 꽂으세요

파랑새 날아와 호르르 노래 부르는

샌프란시스코에 가면 머리에 사랑 꽂으세요

화도 26

한적한 시골길 코스모스 손짓하면

고추잠자리가 붉어진다

당신 향한 내 마음, 태양초처럼

가슬가슬 익어간다

화도 27

저 할미꽃은 로댕의 생각하는 사람

아니, 구도자다

무슨 고뇌 그리 깊어

고개 숙이는가

자식 걱정 많아 고개 숙이는가

바람이 불어와도

말문 닫고서

고개 떨구는 저, 할미

외론 그림자가 흔들린다

화도 28

알알이 물든

진홍빛 구슬

새하얀 드레스에 달고 있다

횃불 들고 눈길 달려온 수천의 병마가 응집한 듯

백화 만발한 겨울 남천,

불타는 사랑의 결정結晶

경이로운 설국의 밤하늘

당신에게 반한

첫 마음 같아라

화도 29

꽃모자 머리 얹고

꽃마차 타고 간다

노랑나비 나풀나풀

임 따라 천리만리

임 그려 슬피 우는 새

서녘으로 날아간다

벼슬 꽃 모자는 붉은 해 담고

새들 노래하며

바람은 춤춘다

꽃 피는 삼천리

울긋불긋 고깔 쓴 아이들

강물은 어깨춤 추며

봄 바다로 간다

화도 30

에메랄드빛 모자에 제비꽃* 꽂고

레드 카펫 밟으면

강물처럼 감미로운 음악이 흐른다

별빛 쏟아지는 꿈속의 향연

와인잔에 입술이 젖는다

내미는 손등마다 입술 자국 선연하다

그대 앙가슴에

불화살로 꽂히는

제비꽃으로 피어나고 싶다

* 제비꽃 꽃말은 진실한 사랑, 영원한 우정이다.

화도 31

첫사랑이 온다

첫사랑 순결보다 눈부신

순백의 눈

저 눈송이 품어도 좋으련만,

가슴이 옛사랑 그리움으로 젖는다

은빛
눈물

흘러내린다

화도 32

홍단풍 노을 진 가을 옷자락

강산은 별꽃 향연

진홍빛 불타는 잎새가 가슴에 번진다

붉게 물든 가슴앓이

사랑도 이별도 아름다운 잿빛 피날레

눈부신 밤하늘 별꽃

새벽녘, 고운 재로 날린다

화도 33

날 유혹하던 달빛

붉어진 내 속살

별이 박히면 고요히 춤추는 바람

천지 간 별꽃*

여름 가고

속절없이 갈바람 불면

서릿발 내린다

잎새마다 이별가, 흐느끼는 소리

속울음 저리 붉게 스미었는가

타버린 가슴

피안으로

별이 진다

*홍단풍

화도 34

가을은 들불처럼 번지는 눈물 메아리

온 산에 뚝, 뚝, 떨어진

진홍빛 불씨

만추의 거리에서 눈물 줍는다

떠나간 그 사람은

진홍빛 그리움

턱 걸린 눈물, 시리다

화도 35

민초는 아프다

민초는 서럽다

총칼에 베일 때마다 속살 붉은 노을로 터진다

짐승보다 더 살벌한 불인不人

계엄령 선포된 서울의 밤

여의도가 서슬 푸르다

시민은 분연히 일어서 맞선다

시퍼런 눈으로 맨손으로 군홧발 막아선다

민초는 헤라클레스다

민초는 거인 중에 거인이다

누구도 막을 수 없다

민초는 힘이 세다

민초는 불이다

화도 36

노을이 불시착한 듯

창밖은 황갈빛인데

연분홍 부겐베리아

나비떼 군무 펼친다

때가 좀 이르면 어떠랴

이왕 피었으니

아름답게 날아오르렴

화도 37

잊어야 살지

타버린 가슴 한 서린 애증의 세월,

산허리에 묻고 돌아서는 새벽 어스름

이별의 배, 피안으로 가는 길

바람 흘러가는

저 망각의 꽃

화도 38

수선화, 모란, 봄이면 푸른 뿌리 품는다

북풍한설 뚫고서 봄 지을 푸른 꿈

겨우내, 푸른 봄을 꿈꾼다

화도 39

죽도록 사랑해서

가슴앓이 눈물꽃

숯처럼 타버린 후에도

노을빛 멍울꽃

별들이 안다네

화도 40

초승달
빈 여백
눈물로 차오르네

애증의
한탄강
달빛마저
서러운데

눈썹달 사위어가는 밤

임 그려
애끓는
그림자

화도 41

가을 옷자락 샛노랗게 물들이니

짙푸르던 은행나무 노랑나비 떼

아서라, 서릿바람 불면 어디로 떠나갈꼬?

무정한 바람, 칼춤 추며 몰려오니

가지에 웅크렸던 노랑나비, 화르르

화도 42

서성인다

저, 꽃 그림자

만추의 저녁노을

서릿발 내린 황갈색 대지에

낙엽 지는

가을 길목마다

흩뿌리는 눈물

애가 타누나

화도 43

백양사 가는 길

붉게 물든 아기단풍 흐드러진다

저 터널 같은

타오르는 잉걸불 보아라

붉게 타는 노을이

화려한 군락 이루는

저 붉은

혈관을 보아라

화도 44

모란이 진 자리

달빛 머물고

내년에 다시 만나자고

꽃자리 다독이면

별들이

총총하다

화도 45

가슴은 눈물 많아 눈물꽃 피고

사랑은 죄 많아 사는 날이 죄다 외로움이다

노을빛 멍울지는 하늘, 그대인 양 바라보니

타고 있는 듯

하늘에 불티가 날린다

천 년이 지나도 가슴은 숯덩이

까만 밤이면

내 눈물, 별꽃으로 피우리

화도 46

달빛 흐느끼는 밤

바람 소리 간데없고

잎들은 가을로 깊어져 있다

이른 나이에 먼저 간 그대 생각하니

가슴에 멍꽃 핀다

이 밤, 생사를 도는 듯 달빛은 탑돌이하고

낙엽은 갓길 따라

수심 깊어져 있다

화도 47

짙푸르던 은행나무 노랑나비 떼 앉아 있다

멀리 가려는 듯

만추의 샛노란 깃털을 하고

바람 오면 새처럼 날개를 파닥인다

서릿바람 불면

저 나비들, 군무 추며 날아가겠지

내년 봄에 다시 만나리

일제히 날아오르는 노랑나비 떼

당신에게 날아가려는지

내 어깻죽지에도 노란 날개가 돋는다

만추의 바람이 불어온다.

화도 48

초췌하다

저 앙상한 나뭇가지에 걸린 초승달

사내는 어디 떠돌다 이제야 고향에 들었나

나목裸木의 등걸에는

어머니 가신 후 정적이 흐르고

떠도는 발길

고단하건만

무덤가에 앉아

잔 받쳐 드는 저, 사내

화도 49

팔순의 한동댁,
손수 키운, 자식 같은 생강 한 광주리
머리에 이고 온다

거북이 등처럼 갈라진
다갈색 손등엔
노란 생강물이
세월의 흔적처럼 배였다

헤진 몸뻬바지 속주머니에
꼬깃꼬깃 지폐 한 장 쑤셔 넣고 한마디 한다

올시한* 감기 들지 마, 생강 폭 달여 먹으면
웬수 놈의 감기 안 들고 겨울 날껴

말에도 훈기 있는가

여름 내내 푸르던 생강 잎에
지친 갈색 가슴이
옹골차게 푸르러진다   *'겨울'의 전라도 말

화도 50

바람 부는 대로
햇살 닿는 대로

피고 지는 저 꽃은 자연의 순리

여명의 아침
가지마다

연초록 기지개 켜는 꿈

달빛 흐르면 흐르는 대로
은빛 너울 춤추면 춤추는 대로

흘러가는
인연의 바다를 보아라

꽃에 깃든
대자연의 숨결을 보아라

화도 51

뒤돌아보면

가시 돋고 멍울진 길

얼룩진 상흔 품고 떠돌았던 길

허무한 나그네여,

비바람 몰아친 그 자리, 한 세월 가면

새길 놓이는 것을

뒤돌아보면

꽃자리였던 것을

꽃 입술 더듬던

꿈자리였던 것을

화도 52

다시 사랑할 수 있다면

비익조* 되어 창공 품으리

그대와 인연, 꽃으로 피울 수 있다면

죽어서도 나뉠 수 없는 순명의 새가 되리

꽃 피고 새 우는 천지에

당신 없으면

나는 푸른 강산에 황무지로 살아가리

바람도 없이 홀로

적막하리

*암컷과 수컷의 눈과 날개가 하나씩이어서 짝을 짓지 아니하면
 날지 못한다는 상상의 새

화도 53

당신 오시면

새하얀 옷 입고

붉게 타는 동백의 마음으로 기다리리

눈물 겹겹 얼룩지는 정한의 세월 서러워도

당신 오시면

가슴속 멍울 실타래 풀리듯 풀리리

애끓는 심장으로

당신 오시면

둥둥 북 울리며 노래하리

당신 안고

미친 듯 춤추리

화도 54

처연한 달빛 흐느끼는 바람 소리에 가을이 깊어 간다

죽은 넋, 피어나는 안개 호수, 헤매 도는 바람의 영혼

화도 55

검게 타버린 붉은 입술

지는 것은 서럽지 않다만

북풍한설 다 머금고 살아온 한 사내가

툭 떨어진 자리

지는 일보다 눈길조차 없는 바닥이 서러워

한숨짓는다

화도 56

가을 끝자락

밤하늘 별들이 미처 올라가지 못한 것일까요

별의 혼인 양

언덕에 쏟아져 내린 별 무더기

마음 끝자락

당신에게 미처 고백하지 못한 사랑일까요

흔들리며 미처 가 닿지 못한 마음

내 혼인 양

길가 코스모스 울고 있습니다

화도 57

한때 너는, 자갈길과 진흙탕 길

주인의 발 모시고 따라나선 충견이었으나

세상만사 기웃거리던,

주인과 함께 아침부터 밤까지 길 위 동반자였으나

댓돌 위에서 주인 기다리며

내일의 항해 꿈꾸며 눈 반짝였으나

어느새 주인 잃고 꿈 잃고

낙엽 더미 속에 던져져

차고 시린 밤을 견디고 있구나

웅크린 너의 모습 보며

흐린 별을 가만히 덮어주었다.

화도 58

아버지 오신다

달빛을 등에 지고 오신다

저벅저벅, 파도처럼 밀려오신다

토방에 구두 벗으시고 한숨 내쉰다

한 세월 거친 비바람에

닳아버린 구두창

이제 와 생각하니,

어린 자식들 키우시느라 얼마나 허둥대셨을꼬

아버지 되어보니

그 파도 소리, 가슴 헤집는다

화도 59

Cafe Việt

아오자이 꽃바람

월남 아가씨 연분홍빛으로 나부낀다

포화로 물들던 다낭에

흑진주 빛 눈동자

피로 물들던 강은 어디로 흘러가는가

커피 한 잔

논라*를 쓰고 웃는 아오자이 꽃바람

흰 머리 되어

눈물을 마신다

*야자나무 잎사귀로 만든 모자, 일명 베트남 삿갓

화도 60

죽어서도 못 가네
눈에 밟혀 나는 못 가네

붉게 물든 꽃자리
못 잊혀 차마 못 가네

구천에 떠도는 넋으로도

산들바람 울고 가는 무덤가 무명 치마 나부껴도

이름 모를 눈물 꽃
설움으로도 나는 못 가네

철 따라 피고 지는
눈물 어린
무명 꽃

씨앗 한 톨 남겨두고
말없이 떠나가네

다시 오마, 기약 없이
맴돌다 허공으로 떠나가네

찬 서리 몰아치는 밤
발자국도 없이
울며 가네

화도 61

바람
살짝
호수 가슴
밟고 가면
꽃잎 떨리듯
둥근 맥박 소리
강기슭에
닿으면
아침 햇살
먼 길
날아와
꽃등 켜고
호숫가 벙글어지는
바람꽃처럼
내 가슴
밟고 가는
환한
당신
생
각

화도 62

노을 끝자락
멍으로 피는 꽃

바람 불면 구만리 장천 눈물 싣고 날아가

흐린 별로 박혀
눈물 되는 꽃

날마다
그대 생각에
화르르 떠는
바람
별
꽃

화도 63

생전 못다 사뤈 속앓이를 아시나요

구슬픈 넋 불붙이면 타버릴

이내 마음 아시나요

천만년

임 그려 우는

도수 높은

혼주魂酒 올려놓고

재 되어 날리는

이내 마음 아시나요

화도 64

모란으로 술 담가 그대 상에 올리네
절 마다 구슬픈 노래 이내 마음 붉다네

그대 그려 운다네

화도 65

붉게 물들었건만

물결쳐 여울졌건만

가지 꺾여도 멈출 줄 모르는 사랑이었건만

소녀는 이제 없네

봄의 정기$_{精氣}$가 대지를 부활해도

가엾은 소녀는

겨울잠에서 깨어날 줄 모르네

화도 66

낙하하는 잎

서리서리

온 천지 낙엽 따라 별이 지고

나는 정한에 사로잡힌 달을 바라본다

만장처럼 펄럭이던 잎들은

창백한 얼굴로 거리를 떠돌고

돌아올 길 없는 저 황갈빛

나목裸木의 거리

이 황량한 가을에

나는 무엇으로 지는가

화도 67

꽃바람으로 오시는가
임 마중 설레는 밤

별빛도 아롱진
칠백 리 꽃길 언덕

가슴은 별물 들어
길마다 차오르네

바람 불고 꽃잎 지니
사랑이 지는가

남몰래 키운 사랑
가시 박힌 꽃 그림자

달빛 슬피 우는 밤
눈물꽃 떨어지는가

화도 68

 오래된 이름들을 불러 술잔 나눈다

 사랑은 용서하고 용서받는 거라고 연신 손 내밀며 잔 돌린다

 동토의 가슴에 피 돌면

 얼어붙은 강이 쩍-, 갈라진다

 가을은 깊고

 저마다의 가슴에는 꽃비 내린다

 모두 돌아간 뒤에도

 봄꽃처럼 피어난 가슴, 화애롭다

화도 69

뒤돌아보니

내 인생은 갈색

낙엽 푸석거리는 늦가을 길목에 서 있다

눈썹달 여위어 가는 밤

문 열고 나서니, 찬바람 일고 별꽃 진다

지나간 것들은

갈색으로 깊어져 있다

화도 70

닻꽃 피면

바다의 넋이 달빛에 피어난다

오매불망 바다가 그리운 꽃

가녀린 줄기마다 닻을 주렁주렁 매단 꽃

밑바닥에서 들어 올려져 넘실넘실 파도에 출렁이고

뱃고동 소리 울리면

늙은 선원은 가슴을 펴고 줄을 당긴다

눈부신 은빛으로 오는 바다

닻꽃 피면

그리움을 저어 바다로 간다

화도 71

기도하는 달맞이꽃

임 그리워 밤에 피네

바람 살랑이면 은은한 종소리

풀벌레 소리 없고 들려오네

어둠 사르며

은총으로 피어나는 꽃

두 손에는

영롱한 눈물 이슬

화도 72

누나야, 꽃구경 가자

저 언덕 넘어 꽃마을로

실바람 불어오는 꽃밭에 앉아 도란도란

누나 꽃, 내 꽃

누나 웃는 모습, 꽃으로 피었네

그 웃음 시꽃

별꽃 피는 그날이 오면

눈부신 꽃으로 오는 그날이 오면

나는야, 꽃보다

누나가 좋아라

사랑 참, 고와라

화도 73

아침 햇살에 꽃잎 붉게 터지면

눈물이 핀다네

나비 떼 날아와 향기에 젖으면

가시 박혀 닫힌 창가에 꽃무지개 뜬다네

바람 불어와

하늘하늘 춤추면

울먹이던 나도 너도

마냥 웃으며

푸른 가을 품에 뒹굴어도 좋으련

화도 74

손가락 끝에서 일어난 리듬인 듯

피아노 건반 훑고 가는

바람 손가락

그 손가락 끝에 삼라만상, 우주가 살아있지

그 우주 속에

베토벤과 슈베르트

모차르트가 젊은 날, 꿈 펼쳤지

그들은 별로 살아있지

무대 위에서

춤추는 바닷가에서

바람의 혼으로 교향곡을 연주하지

피아노 건반은

대자연의 합창, 뜨거운 울림이지

화도 75

첫눈은 백의의 깃발 나부끼며 오는 하늘의 천사

하얀 깃발로 달려와 지상에 겹겹이 쌓이는 순백의 마음

밤하늘에 피어나는, 첫사랑 순결보다 더 눈부신 꽃

저 눈꽃 송이를 첫사랑처럼 밤새 품어도 좋으련만

사랑하는 사람 만나 뜨거운 가슴이 눈물로 젖어도 좋으리

오렌지빛 창가에 서서 그리운 사람을 기다리니

하얗게 서린 백의의 깃발을 나부끼며 떠나가는 하늘의 천사

순백의 마음이 눈송이로 흩날린다.

화도 76

여보게, 탁주 한 됫병 주시구려

허름한 주막집, 가을빛 배인 술이 홍시처럼 달구려

주모도 한잔 거드시게

주거니 받거니 유행가 가사를 주절거리니

술잔에 어리는 얼굴

이태백도 있고

김삿갓도 있는데

문득, 어머니 얼굴이 스쳐 간다

술잔에 꽃이 피면

사내의 젖은 눈빛, 달빛에 흔들리네

화도 77

누군가
사랑하는 일은

가슴에
불 지피는 뜨거움이지

타올라
재가 되고
바람 되어
회색 나그네처럼 길 가는 일이지

사랑은
굴레처럼
이별 그림자로 숨기고

헝클어진 가슴
빗질로
밤 지새워도
풀리지 않는 미로

한번
사랑하면
돌아올 수 없는

타오르는
마음

나도 너도 어쩔 수 없지

화도 78

창문 두드리는
소리에
눈 뜨니

하늘은 푸른 별 총총

가을바람은 낙엽 쓸고

창문 여니
구름에 실려 오는 달그림자

그대인 듯
내 안으로 번지는

월훈 月暈

화도 79

가을 길목 황룡강, 바람 따라나서니

때맞춰 축제인 듯 코스모스 꽃물결

바람 먼저 가 춤추고

길마다 색동저고리

화도 80

극락으로 날아가고픈 새

하늘 바라보며

화병에 꽂혀 나래 접었네

새처럼 훨훨 날고 싶은 극락조화

극락이 저기인데

날개가 있어도 날지 못하네

여기저기 떠도는 바람꽃이라도 될까

구천을 떠도는 혼백 따라

세상을 정처 없이 떠돌까

노을빛 붉게

터지면 날아가리

당신 계시는 극락으로

화도 81

꽃은 말이 없다, 다만 화답할 뿐

비바람 불고 천둥 번개 휘몰아쳐도 제 갈 길 간다

꽃이 피는 그날까지 멈추는 법이 없다

꽃은 울지 않는다, 다만 고요히 눈물을 삭힐 뿐

밤이슬 목 축이며 꽃술 토해내며 제 갈 길 간다

꽃이 지는 그날까지 달빛을 머금는다

꽃은 돌아보지 않는다, 순한 생을 남길 뿐

새봄을 기다리듯 하늘의 뜻에 따라 제 갈 길 간다

씨앗 한 톨 여물 때까지 거역하지 않는다

꽃은 묻지 않는다, 달빛 머금은 채 고개 끄덕일 뿐

꽃 볼마다 별이 박힌 채 제 갈 길 간다

한밤 세레나데 부르며 은하수 저어 간다

화도 82

감추었던 눈물
삭인 아픔
칼날처럼 오던 이별도

모두 한 잔

너는 나로 풀리고
나는 너로 풀리고

살아가는 일은 서로 맺고 푸는 일

얽히고설킨 세상사

얼싸안으면
사랑이 움트고
돌아서면
가시 돋는다

인정이 그러하듯
세상사 생각하기 나름이지

한잔 술에
칼날 풀린다

화도 83

꽃 앞에 서면 흥얼흥얼 기쁨이 솟는다

차곡차곡 쌓아가는 설렘

내 마음은 감미로운 바람과 파도의 속삭임으로 물보라치고

눈부신 교감 사이로 은빛 낭만 춤을 춘다

꽃을 만나서 묵은 마음 버린다

다시 채워갈 비움이다

화도 84

꽃씨 뿌렸다.

마당은 대자연의 언저리이고 우주의 언저리

아침을 피운다

봄을 피운다

바람도 꽃잎으로 부드러워진다

구름은 비로 흐르고 꽃 피는 이곳은 우주의 중심

풍광수토風光水土

어우러져 피어나는 우주,

잘 여문 인생으로 피워내고 싶다

꽃마차 몰고 우주의 중심으로 들어간다.

화도 85

해거름,
으슥한 풀섶

두꺼비 한 마리 눈을 부라리더니
마당으로
기어 나온다

애야, 복 들어온다

귀한 손님 반기시는 듯
할머니,
길 트신다

마당으로 들어오는
햇살도,
비와 눈도 복
운 트게 하는 복

한밤중에
화복이
쏟아진다

화도 86

익어가는 일은 겸손하다

추수꾼은 빈 곳간을 겸손으로 채운다

둥근 알갱이

대를 잇는 종손처럼 겸손하고 올곧다

소슬바람에
휘어진 쪽두리꽃

휘영청
달빛에 고개 숙인다

화도 87

눈 뜨니,

가을이다

토실토실 정분들이 여물고

너와 함께 뜨거웠던 여름 한철

풀벌레 소리도 정분이 났는지

저무는 길마다

가을 귓가로

여물고 있다

화도 88

상처 많은
분꽃 위로

별들이 내려앉는다

하늘과 땅이 맞닿은 듯
천상의 종소리가 울려 퍼진다

낮은 곳에서
누군가

두 손을 모은다

화도 89

여명이다

테라스에 나가보니
반가운 손이 와 계신다

고운 얼굴로
향기 풍기시는

목련 아씨

화도 90

여의도, 저 섬으로

난무한 거짓말이 지나간다

누군가 몽니를 부린 모양인지 깃털이 몽땅 빠져 있다

안갯속 진실 공방이 화면을 가득 채운다

자라난 독버섯 일색이다

가뭄에 논바닥이 갈라지듯 마음 갈라진다

저 몽니의 어둔 그림자

악어의 눈물이 판치는데

단비는 아직 소식 없다

| 평설 |

화도花道로 피워낸 깊고 짙은 서정의 울림
- 정관호 시인의 『화도花道』을 읽고

강 대 선
(시인)

정관호 시인은 일찍 등단했다. 등단하고서 몸과 마음이 세상을 떠돌았다. 그가 겪은 산전수전이 지금의 그를 만들었지만 그는 늘 마음 어딘가에 시의 허기가 남았노라고 말한다. 고희를 넘긴 그가 다시 찾은 시는 꽃이다. 그의 시에 등장하는 '거짓'으로 얼룩진 세상과는 다른 순수와 정화와 순리를 담은 시를 보면서 성찰의 시간을 시로 받아 적었다. 시인의 말을 통해 그가 써 내려간 시의 여정을 읽어보자

> 화도花道는
> 꽃이 쓰는 시입니다
> 귀담아듣고 가슴에 심어보고
> 허공에 날려 보내기도 하는
> 꽃이 쓰는 詩입니다

때론 부메랑처럼 돌아와 꽃을 피우는
변화 일색, 구름 같은
내면의 얼굴입니다

각지기도 하고
둥글기도 하고
다시 차오르는 샘물이다가 넝두리로도 흐르는
꽃이 걸어가는 길입니다

바다 같고
엄마 같은
이 청정한 아침
마음속 여울목으로 살포시,
시꽃을 피웁니다

  먼저 그는 '화도花道'는 꽃이 쓰는 시라고 말한다. 꽃이라는 시적 대상과의 교감에서 일어나는 시심을 받아 적었다는 의미다. 그러니 이 시들은 시인이 쓴 것이 아니라 시가 시인의 마음을 거울처럼 읽고 들려준 시라는 의미다. "귀담아듣고 가슴에 심어보고/ 허공에 날려 보내기도 하는" 그의 시는 꽃과의 시간을 서술하고 있다. 꽃이 말에 귀 기울인다는 의미는 모든 자연의 소리에 귀 기울인다는 의미가 된다. 꽃을 보며 자기를 성찰하고 의미를 부여하는 과정이 이 속에 담겨 있다. 가슴에 심어도 보지만 받아 적지 못한 말들은 허공에 날려버리기도 하는 시와의 대화가 여기에 있다.

그렇게 날아가 버린 시어들이 "부메랑처럼 돌아와 꽃을 피우는/ 변화 일색, 구름 같은/ 내면"이라고 말한다. 날아가 버린 시어들이 돌아오는 시간은 오랫동안 궁구한 시간을 의미한다. 시인은 아침 일찍 일어나 정원의 꽃을 돌보고 시를 쓴다. 꽃들과 함께 한 모든 시간들이 시가 되어 다시 꽃을 피우는 것이다. 이러한 순환의 시 쓰기를 통해 꽃이 시가 되고 시가 꽃이 되는 경험을 한다. 이러한 대화는 매번 새롭다. 사계절이 다르고 한 달이 다르고 하루가 다른 변화의 시간을 시인은 예민하게 따라간다. 꽃의 말은 시인의 내면이 속삭이는 말이다. 오랫동안 갇혀 있던 시인의 언어들이 꽃을 통해 말을 한다.

시인이 지닌 내면의 언어들이 둥글기만 한 것은 아니다. 거짓으로 얼룩진 세상에 상처 없는 영혼이 어디 있겠는가. 그 또한 풍진 세상에 나가 몸과 마음이 상처를 입었으리라. 그러니 그의 내면의 언어가 "각지기도 하고/ 둥글기도 하고/ 다시 차오르는 샘물이다가 넋두리로도 흐르는" 다양한 면모를 보이는 것이다. 이는 시를 쓰는 과정을 은유하기도 한다. 시는 어느 순간 가슴을 가득 채우다가도 어느 순간 넋두리처럼 허망하게 빠져나가기도 한다. 이는 시인이 진정으로 시 쓰기에 전심을 기울였다는 사실을 보여준다. 이러한 노력이 시에서 가장 중요하게 여기는 새로운 감각과 서정을 열어 보이게 하는 열쇠가 된다. 이제 시인은 자기가 꽃이라는 사실을, 꽃이 자기라는 사실을 각성한다. 꽃이 쓰는 시는 꽃과 시인이 하나가 되는 물아일체物我一體의 경지를 이룬다.

 그는 꽃이 쓰는 시를 통해서 어디에 도달한 것일까. 그는 "바다 같고/ 엄마 같은/ 이 청정한 아침"을 통해 시의 꽃을 피운다고 말한다. 그의 시가 "청정"에 이르고 있음을 우리는 눈치챌 수 있는데 이는 공자가 시 305편을 산정刪定한 후 말한 사무사思無邪의 경지와 다를 바가 없다. 다시 말해 300여 편의 시에는 사특함이 없다는 뜻이다. 그의 시가 언어의 기교를 부르지 않으면서도 진정성 있게 독자에게 다가서는 이유도 여기에 있다. 그의 시에는 요사함도 없고 간특함도 없다. 오로지 가슴에서 나오는 진심이 꽃의 말을 통해 울림을 준다.

 그의 시는 다양한 색깔과 모양을 띠고 있지만 하나로 엮어보면 '사랑'이다. 사랑 안에 기도가 있고 성찰이 있고 그리움이 있고 연민이 있다. 그가 김남조 시인의 시집 『사랑초서』를 읽고 외울 정도로 좋아했던 것은 그 속에 담긴 사랑의 서정이 진심과 맞닿아 있기 때문이었을 것이다. 이러한 사랑이 "마음속 여울목으로 살포시,/ 시꽃"을 피우게 하는 힘이 된다. '여울목'은 시인의 시를 쓰는 자리일 것이고 고뇌의 자리일 것이고 사랑의 자리일 것이다.

> 당신의 뜨락에
> 눈으로 휘날리겠습니다
> 생각하면 은혜와 은총으로 가득한 생이었습니다
> 천상의 고운 뜻을 이제야 깨닫습니다
> 하늘에서 내려오는 복음이 가슴을 울립니다
> 성은으로 하얗게 부서지겠습니다
> 진창으로 더럽혀진 허방
> 죄의 자리에서 허우적거렸습니다
> 이제는 생의 자리를 새롭게 하소서
> 당신의 뜨락에서 무릎 꿇나니
> 뜨거운 눈물을 허락하소서
> 이 은빛 고운 날
> 가장 낮은 자의 가난한 마음으로
> 당신을 더 사랑하게 하소서
> 뜨거운 기도의 마음을 주시어
> 어둔 밤을 밝히게 하소서
> 이 연약한 영혼에게 당신의 뜨락을 허락하소서
> 은하의 밤,
> 새로움을 입은 영혼이게 하소서
> 기도하는 마음으로
> 남은 생을
> 휘날리게 하소서
> 　　　　　－「화도 3」

시인에게 '당신'은 절대자이자 구원자이며 사랑하는 대상이다. "당신의 뜨락"에 눈으로 휘날리는 일은 시인에게 은혜이고 은총이다. 시인이 절실한 천주교 신자인 점을 생각한다면 시인에게 기도는 신에게 가까이 다가가는 일이다. 시인은 "진창으로 더럽혀진 생의 허방마다/ 죄의 자리에서 허우적거리"었다고 말한다. 진창은 땅이 질어서 질퍽하게 된 곳을 뜻하는 1차적 의미의 확장을 통해 힘들고 괴로운 삶을 의미하고 있다. 이곳에서 더럽혀진 생의 허방에서 시인은 '죄'의 존재를 느낀다. 이 부분에서 제가 죄인입니다. 죄인 중에서도 괴수입니다. 라며 울부짖었던 바울을 생각하게 한다. 자신이 죄인인지 몰랐던 사울에서 이제 예수 앞에서 죄인이라고 고백하는 바울은 정체성에서 천지 차이가 난다. 죄를 고백함으로 거듭남의 존재로 거듭남, 즉 중생하기 때문이다. 무릎을 꿇고 뜨거운 눈물을 흘리는 시인은 '당신의 사랑'을 다시 인식한다. 죄 많은 나를 아직도 사랑하고 계시는 당신 앞에서 시인은 '가장 낮은 자'가 되겠다고 고백한다. 이러한 고백을 통해 어둔 영혼의 등불을 밝히고자 한다. 시인의 기도는 시인의 영혼을 뜨겁게 한다. 이러한 기도의 힘은 지상에서 가장 힘이 없는 존재인 꽃과의 동일시가 가능하게 한다. 자기도 죄의 바람에 불어오면 힘없이 꺾이듯 꽃도 거센 바람이 불어오면 금방 꺾이지 않던가. 시인이 꽃을 사랑하는 이유는 절대자인 '당신'이 죄 많은 시인을 사랑하는 일과 별반 다르지 않다고 여기고 있기 때문일 것이다.

　부모님을 일찍 여읜 시인에게 '아버지와 어머니'의 존재는 특별한 존재로 다가올 수밖에 없다. 부모님의 사랑에 대한 갈구와 함께 결핍 의식이 시인을 따라다니기 때문이다. 시인이 얼마나 부모님의 사랑을 그리워했는지 다음 시편들을 통해 확인해 볼 수 있다.

　　아버지 오신다

　　달빛을 등에 지고 오신다

　　저벅저벅, 파도처럼 밀려오신다

　　토방에 구두 벗으시고 한숨 내쉰다

　　한 세월 거친 비바람에

　　닳아버린 구두창

　　이제 와 생각하니,

　　어린 자식들 키우시느라 얼마나 허둥대셨을꼬

　　아버지 되어보니

그 파도 소리, 가슴 헤집는다
-「화도 58」

시인이 기억하고 있는 아버지는 '구둣발 소리'다. "저벅저벅,/ 파도처럼 밀려오시"는 아버지의 기억이 되살아난다. 구둣발 소리와 함께 아버지의 한숨이 아버지의 기억을 완성한다. "닳아버린 구두창"을 보이며 어린 자식들을 위해 고생하시던 아버지. "얼마나/ 허둥대셨을꼬"에서 아버지에 대한 그리움과 연민을 엿볼 수 있다. 이제 시인이 아버지가 되었다. 아버지로 살아보니 아버지의 '닳아진 구두창'과 '한숨'의 의미를 알 것 같다. 파도처럼 밀려오던 아버지의 기억이 먹먹하게 가슴을 헤집는 시간. 아버지의 사랑을 되새김한다.

초췌하다

저 앙상한 나뭇가지에 걸린 초승달

사내는 어디 떠돌다 이제야 고향에 들었나

나목裸木의 등걸에는

어머니 가신 후 정적이 흐르고

떠도는 발길

고단하건만

무덤가에 앉아

잔 받쳐 드는 저, 사내
- 「화도 48」

시인이 기억하는 어머니는 먼저 '초췌하다'로 이미지화된다. 이러한 이미지는 어머니 돌아가시고 혼자 남은 시인의 마음이 앙상한 가지처럼 떨고 있다는 것이고 그가 외로움으로 초췌할 만큼 힘들어하고 있다는 의미로도 읽힌다. 무슨 말을 할 수 있을까. 어머니를 잃고 정처 없이 떠도는 아이의 마음을 느낄 수 있다. 시인의 삶이 결코, 순탄하지 않았다는 사실을 말해주는 단어가 '고단'이다. 이 고단한 시간을 돌고, 돌아 다시 어머니 무덤가를 찾아온다. 어머니의 사랑이 그립기 때문이다. 무덤가에 "잔을 받쳐 드는 저, 사내"가 시인이다. 불효자의 잔을 받쳐 들고 울었을 시인의 마음을 상상하니 애잔하고 눈물겹다.

거짓이 몽니 부린다

가히 독버섯이다

거짓에 논바닥이 갈라진다

속세의 어두운 그림자를 어찌하리

거짓 눈물 판을 치는

얼룩진 세상사

저, 꽃을 보아라

네 마음에 침을 놓는

저 순수의 진실을 보아라
　　　　　　　-「화도 23」

시인이 경험한 세상의 '진창'은 어떤 곳이었을까. 시인의 시를 통해서 일부 확인할 수 있다. "거짓이 몽니 부리"는 곳이다. '몽니'는 음흉하고 심술궂게 욕심부리는 성질을 뜻한다. 그러니 세상은 겉과 다른 속을 지닌 '음흉'하고 심술궂고 욕심으로 가득 찬 곳이었다는 의미다. 이러한 세상을 시인은 '독버섯'이라고 일갈한다. 진짜가 아닌 거짓이 판을 치는 곳에서 논바닥이 갈라지듯 순수한 이들의 마음이 갈라진다. 어찌할 수 없는 거짓이 세상이 얼룩이 지듯 시인의 가슴도 얼룩이 진다. 그러나 여기에서 시인은 절망하지 않는다. 기도가 있기 때문이다. 얼룩을 지우는 기도. 그 기도가 꽃을 보는 일이다. 꽃을 보면 마음이 순해지고 깨끗하게 정화되기 때문이다.

사각의 벽에 꽃이 피었습니다

영하의 벽에 얼어붙은 숨으로 피었습니다

깊은 밤,

사각의 벽 안에서 시꽃이 피어납니다

미완의 불길이

담쟁이처럼 벽을 타고 오르고

마침내 시의 불이 벽을 넘으면

벽 속에 갇힌

시어가 활활 올라올 것입니다

만화방창으로 벽을 넘을 것입니다
-「화도 6」

  기도하는 일은 마음에서 자연히 우러나오는 일이기도 하지만 의지가 있어야 가능한 일이다. 세상을 은유하는 '사각의 벽'에 '꽃'이 피었다. 이러한 불가능한 설정은 상징을 읽어야 한다. 세상은 '영하'의 온도다. 이곳에서 "얼어붙은 숨"으로 피어 있는 꽃은 누구일까.

시인 자신이기도 하고, 시를 쓰는 이들을 이르기도 할 것이다. 이곳에서 눈물을 흘리는 이들의 온도를 꽃은 감지한다. 이 온도를 자양분 삼아 꽃은 담쟁이처럼 벽을 타고 오른다. 꽃이 벽을 타고 넘는 담쟁이의 생명력을 지니게 되는 것이다. 얼어붙은 꽃은 담쟁이의 생명력으로 변하고 다시 활활 타는 불이 된다. 이 뜨거움으로 '사각'으로 말해지는 세상의 편견을 넘으면 "벽 안에 갇힌 시어가 활활 올라올" 것이다. 그러니 시인에게 기도와 같은 시어는 담쟁이 같은 생명력이자 불같은 뜨거움이다. 이 불로 피워낸 시꽃이 "만화방창으로 벽을 넘을 것"이라고 말한다.

죽도록 사랑해서

가슴앓이 눈물꽃

숯처럼 타버린 후에도

노을빛 멍울꽃

별들이 안다네
- 「화도 39」

기도와 시를 향한 뜨거움을 시인은 '가슴앓이'라고 말한다. 시를 쓰는 이들의 마음을 이처럼 잘 표현한 구절이 있을까 싶다. "죽도록 사랑해서/ 가슴앓이 눈물꽃"을 통해 시인은 꽃과 기도와 시를 향한 마음을 숨기지 않는다. 죽도록 사랑한다고 고백한다. 그런데 사랑은 기쁨과 환희의 순간은 잠깐이고 노을빛이었다고 점점 어두워지는 멍울꽃이 피어난다. 멍울은 림프샘이나 몸 안의 조직에 병적으로 생기는 둥근 뭉치를 말함이니 가슴앓이가 얼마나 심했는지를 보여준다. 그 가슴앓이는 기도와 시와 꽃을 향한 마음이 그만큼 절실하다는 사실을 보여준다. 그리고 말한다. 이 마음을 별들이 안다고, 알아줄 거라고 엄살 한번 부려보는 것이다.

기도하는 일은 자신을 성찰하는 일이자 성숙으로 도달하는 길이다. 성찰은 거울을 들여다보듯 꽃을 들여다보는 일이기도 하고 내면의 소리를 받아 적는 일이다. 성찰을 통한 성숙이야말로 시를 통해 이루어야 하는 가장 아름다운 경지다. 시인은 일상적으로 대하고 바라보는 대상을 통해 삶의 깨달음, 달관, 순리를 받아들이는 자세를 견지한다.

    이제는 닳고 닳은 빗자루 신세지만

    아직은 마당을 쓸 수 있지

벽 귀퉁이에 주저앉아 새벽잠 설치는 사내

내일 아침이면

다시 마당을 쓸러 나오겠지

꽃처럼 웃겠지

닳고 닳은 몽뎅이꽃

청정한 가을 하늘 담으러

닳아진 몸으로 가을을 쓰는 꽃
- 「화도 19」

  시인의 눈에 '몽당빗자루'가 들어왔다. 닳고 닳은 몽당빗자루는 시인이기도 하다. 이제 칠순을 훌쩍 넘은 나이. 닳고 닳은 몽당빗자루와 다를 바가 없다. 그러나 "아직은 마당을 쓸 수 있"다며 자기의 쓸모를 말한다. 여기에서 '아직'이라는 말이 주는 힘은 여전히 죽지 않고 살아 있는 생명력을 의미한다. "다시 마당을 쓸러 나오겠지/ 꽃처럼 웃겠지"를 통해 사내의 소망을 드러낸다. 사내는 시를 쓰며 꽃 피우는 시인의 모습을 닮았다. 그 시에 청정한 가을 하늘이 담긴다. 정관호 시인을 다른 말로 하면 "닳아진 몸으로 가을을 쓰는 꽃"이라 불러도 손색이 없겠다.

첫사랑이 온다

첫사랑 순결보다 눈부신

순백의 눈

저 눈송이 품어도 좋으련만,

가슴이 옛사랑 그리움으로 젖는다

은빛
눈물

흘러내린다

-「화도 31」

　또 하나 빠뜨릴 수 없는 것이 '순수의 열망'이다. 순결과 고결을 지향하는 일은 꽃과 같다. 지금 '첫눈'이 내린다. "첫사랑 순결보다 눈부신/ 순백"으로 눈으로 표현한다. 저 순백의 눈송이를 품고 싶다. "가슴이 옛사랑 그리움으로 젖는다"를 통해 '옛사랑'이 시인의 가슴에 순수와 순백의 기억으로 남아 있다는 사실을 알게 된다. 다시 말하면 시인은 세상의 진창에서 더럽혀지고 얼룩진 영혼은 다시 순수와 순백의 영혼으로 되돌리고 싶은 것이고 그 방법이 기도이며 꽃을 보는 일이고 시를 쓰는 일이다. 기도로 젖은 마음이 눈물로 흘러내리는 일은 정화이자 승화의 지점이다.

>짙푸르던 은행나무 노랑나비 떼 앉아 있다
>
>멀리 가려는 듯
>
>만추의 샛노란 깃털을 하고
>
>바람 오면 새처럼 날개를 파닥인다
>
>서릿바람 불면
>
>저 나비들, 군무 추며 날아가겠지
>
>내년 봄에 다시 만나리
>
>일제히 날아오르는 노랑나비 떼
>
>당신에게 날아가려는지
>
>내 어깻죽지에도 노란 날개가 돋는다
>
>만추의 바람이 불어온다.
>　　　　　　　　　　－「화도 47」

 이제 시인은 순리를 받아들인다. 때가 되면 모두 떠나가야 한다. 시인도 그 사실을 알고 있다. 문제는 받아들이는 태도다. 시인은 거부가 아니라 순응한다. 하지만 이 순응이 무력한 것이 아니라 '새로운 희망을 품고' 미래를 견인하는 희망으로서의 순응이다. 가을 은행나무에 은행잎들이 노란 나비로 앉아 있다. 은행잎들은 '만추의 샛노란 깃털'로 비유된다. 바람이 오면 날개를 파닥이는 이 나비들. 시인도 이제 날아가야 할 나이가 되었다고 인식하는 것일까. 떠남의 아쉬움을 두고 시인은 "내년 봄에 다시 만나리"라고 말한다. 떠나는 일은 만나는 일이라는 거자필반去者必反, 즉 떠나는 사람은 반드시 돌아오듯이 죽음 또한 생으로 다시 돌아온다는 믿음이 여기에 있다. 떠나서 어디로 가는가. 떠남은 '당신'에게 가는 일이다. 그러니 떠나는 일도 그리 서러운 일만은 아니다. 당신을 만나 언젠가는 다시 돌아갈 것이기 때문이다.

　　상처 많은
　　분꽃 위로

　　별들이 내려앉는다

　　하늘과 땅이 맞닿은 듯
　　천상의 종소리가 울려 퍼진다

　　낮은 곳에서
　　누군가

두 손을 모은다
- 「화도 88」

  시인의 기도는 바람이자 기원이다. "상처 많은/ 분꽃 위"에도 순수와 순결을 의미하는 별들이 내려앉는다. 은총은 대상을 가리지 않기 때문이다. 이제 시인의 귀에 "하늘과 땅이 맞닿은 듯/ 천상의 종소리가 울려 퍼진다" 시인이 듣는 이러한 환시와 환청의 경험은 에피파니 Epiphany의 순간, 즉 깨달음의 시간에 들려오는 풍경과 음성이다. 자기가 누구인지 인지하는 것이다. 낮은 곳에서 손을 모으는 이는 시인이다. 시인과 같이 자신의 존재를 자각하는 사람들이자 신의 은총을 경험한 사람들이다.

익어가는 일은 겸손하다

추수꾼은 빈 곳간을 겸손으로 채운다

둥근 알갱이

대를 잇는 종손처럼 겸손하고 올곧다

소슬바람에
휘어진 쪽두리꽃

휘영청

달빛에 고개 숙인다
- 「화도 86」

  시인이 기도로 익어가는 일은 '당신' 앞에서 낮아지는 일이다. 다시 말해 '겸손'의 자세다. 추수꾼이 빈 곳간을 알곡으로 채우듯 이제 시인은 '겸손'으로 남은 인생의 곳간을 채운다. 이러한 기도와 사랑과 겸손의 알갱이가 대를 이어가기를 소원한다. "소슬바람에／ 휘어진 쪽두리꽃"이 휘영청 밝은 달빛에 고개를 숙이는 이유도 여기에 있다. 기도하는 자는 낮은 자리에서 고개를 숙이고 무릎을 꿇는다. 이 시간이 바로 가장 아름다운 성찰의 시간이다.

  정관호 시인의 시는 '진창'으로 상징되는 세상에서 거짓과 음흉과 욕망에 상처를 입은 영혼이 다시 순수와 순백의 영혼을 찾는 시적 과정이 담겨 있다. 꽃과 말을 하고 꽃의 말을 경청하고 받아 적는 일은 성찰이자 성숙의 시간이다. 그의 시집 화도花道, 즉 꽃의 길은 순수와 순백을 향한 여정이자 절대자인 '당신'에게 가는 길이다. 전체적인 틀을 김남조 시인의 '사랑초서'를 따르면서도 시인의 내적 성숙을 '꽃'이라는 대상을 통해 형상화하고 있다는 점은 다른 시인에게서는 볼 수 없는 연작시집이라 하겠다.

시인이 시적 대상과 하나가 되는 지점에서 발아하는 시들은 사무사思無邪의 경지에 닿아 사심이 없고 깨끗하다. 그리움과 연민을 드러내는 시편뿐만 아니라 때론 사랑의 뜨거움과 헤어짐의 슬픔을 담아낸다. 나그네처럼 떠돌다 돌아온 시인이 얼어붙은 마음을 녹이고 영혼을 회복하는 일에 공을 들인 것이 시다. 시는 담쟁이 같은 생명력으로 시인에게 뜨거움을 안겨준다. 시인이 죽도록 사랑한 시, 시 쓰는 일이 시인에게는 기도이다. 앞으로도 시를 향한 시인의 가슴앓이가 계속될 것을 믿는다. 나는 그의 몸과 영혼이 더 닳고 닳아진 몽당빗자루가 되었으면 좋겠다. '몽뎅이꽃'이 피워 올리는 아름답고 순결한 꽃을 보는 일은 진흙탕에서 올라오는 연꽃처럼 아름다울 것이기 때문이다. 정관호 시인의 시를 읽으면 고해성사를 마치고 나온 듯 마음이 깨끗해진다. 앞으로도 시로 지은 아름다운 별꽃을 많이 피우기를 염원하며 그의 시 한 편을 읽는다. 누나를 생각하는 시인의 마음이 꽃으로 피어 있다.

누나야, 꽃구경 가자

저 언덕 넘어 꽃마을로

실바람 불어오는 꽃밭에 앉아 도란도란

누나 꽃, 내 꽃

누나 웃는 모습, 꽃으로 피었네

그 웃음 시꽃

별꽃 피는 그날이 오면

눈부신 꽃으로 오는 그날이 오면

나는야, 꽃보다

누나가 좋아라

사랑 참, 고와라

- 「화도 72」